OUI, ALLÔ ?

À L'UNIQUE ET JOLIE ALEXE, DONT J'AI LA CHANCE
D'ÊTRE LA TANTE ET LA MARRAINE.

À MA MÈRE, LA DOUCE MAMIE DE MES ENFANTS,
QUI LEUR FAIT DÉCOUVRIR LE BONHEUR QUE PROCURENT
LES LIVRES, COMME ELLE L'A FAIT AVEC MOI.
V. F.

POUR MES NEVEUX, JORDAN ET JUSTIN.
J. M.

**Catalogage avant publication de
Bibliothèque et Archives nationales du Québec
et Bibliothèque et Archives Canada**

Fontaine, Valérie, 1980-
Oui, allô?
(Collection Histoires de rire)
Pour enfants.

ISBN 978-2-923813-06-6

I. Masse, Josée. II. Titre.
III. Collection : Collection Histoires de rire.

PS8611.O575O94 2012   jC843'.6   C2012-941135-3
PS9611.O575O94 2012

© Fonfon 2012
Tous droits réservés
Direction littéraire :
Emmanuelle Rousseau et Sophie Sainte-Marie
Direction artistique et graphisme :
Primeau Barey
Révision : Sophie Sainte-Marie
Correction d'épreuves : Suzanne McMillan
Dépôt légal : 3e trimestre 2012
Bibliothèque et Archives nationales du Québec
Bibliothèque et Archives Canada

Fonfon
22, rue Louis-Babin
Saint-Jean-sur-Richelieu (Québec) J2W 2T4
Téléphone : 514 604-8690
Télécopieur : 450 741-1459
Courriel : info@editionsaf.com
www.editionsaf.com

IMPRIMÉ AU QUÉBEC SUR PAPIER CERTIFIÉ FSC
DE SOURCES MIXTES

OUI, ALLÔ?

Texte : Valérie Fontaine
Illustrations : Josée Masse

fonfon

Aujourd'hui, Alexe se fait garder chez sa mamie.
Là, elle commence toujours ses journées par une
visite du grenier. C'est un rituel. Elle se déguise
parfois avec les vieux vêtements. D'autres fois,
elle s'assoit pour regarder les photos de l'ancien
temps. Mamie a des tonnes de vieux albums !

Soudain, Alexe aperçoit un objet très étrange.

D'abord, elle ne sait pas ce que c'est. En s'approchant,
elle découvre le téléphone le plus bizarre du monde.
Elle décroche le combiné, y colle l'oreille et attend.
– Oui, allô?

Rien… Le silence…

Alexe s'assure que mamie ne peut pas la voir. Même si
elle a la permission d'être là, sa grand-mère n'apprécierait
sûrement pas qu'elle s'amuse avec ce téléphone.

Alexe appuie sur le ①. Elle entend alors une voix
au bout du fil.

– Pôle Nord, allô, ho! ho! ho! dit un homme essoufflé.

– Père Noël! Que fais-tu? demande Alexe, surprise.

– Je fais de l'exercice, ho! ho! ho! Mère Noël a décidé
de me mettre au régime. Je mange de la laitue et
je soulève des poids plusieurs fois par jour.

– Bravo, père Noël, répond Alexe. C'est bon pour ta
santé, mais tu devras te trouver un nouveau costume
si tu maigris trop! Au revoir!

Alexe est très heureuse d'avoir pu parler au père Noël.
Ce téléphone est vraiment spécial. Elle décide donc
de voir ce qui se passe si elle appuie sur le 2.
– Atelier de la dent de lait, Fée des dents, bonjour…
répond une voix lasse.
– Fée des dents! Que fais-tu?

– Ah… j'ai un gros mal de dents et je suis au repos.
J'espère que les enfants ne perdront pas trop de dents
aujourd'hui. J'aurai beaucoup de retard à rattraper
lorsque je serai guérie.
– Ne t'inquiète pas, ma dent qui branle ne tombera pas
tout de suite. Repose-toi bien. Au revoir!

Toute contente, Alexe appuie sur le 3 .
Elle aime vraiment beaucoup jouer avec ce téléphone.

– Hi! hi! hi! hi! Ha! ha! ha! ha! Poi... Poi...
Poisson d'avril, bonjour!

– Poisson d'avril! Que fais-tu?

– Quelqu'un a mis du colorant dans mon aquarium.
Je vois la vie en rose! Est-ce toi qui as eu cette
drôle d'idée?

– Non, Poisson d'avril, ce n'est pas moi...

– Hi! hi! hi! hi! Ce doit être cette coquine de
Lulu-la-Tortue. Je lui joue des tours depuis
des années, et elle m'a enfin eu!

– Je te laisse chercher le coupable! Au revoir!

Le père Noël, la fée des dents et le poisson d'avril…
Qui répondra quand elle appuiera sur le 4 ? Surprise,
elle entend alors un message enregistré :

« Bonjour, vous êtes chez le lapin de Pâques. Je ne peux
malheureusement pas vous répondre, car je fais une
indigestion de chocolat. Les cocos emballés dans le papier
bleu brillant sont succulents ! On ne peut pas en dire autant
des verts, mais les jaunes sont excellents. Lapine, si c'est toi,
je t'ai gardé les petites poules en chocolat, tes préférées !
Ah oui ! Dès que je me porterai mieux, il me sera aussi
impossible de vous répondre, car je devrai aller faire ma
distribution. Alors laissez un message après le bip. BIP ! »

Alexe a maintenant envie de manger du chocolat, mais
elle ne sait pas trop ce qu'elle pourrait dire au lapin.
– Désolée, je me suis trompée de numéro. Au revoir,
Lapin de Pâques !

Bien décidée à essayer tous les chiffres, Alexe appuie sur le ⑤. Elle colle son oreille au combiné, fébrile.
– Oui, allô? dit une voix nasillarde.
– Bonjour, à qui ai-je l'honneur? demande Alexe.
– À Jack-la-Lanterne, ma chère!
– Jack-la-Lanterne, que fais-tu?
– Je cuisine avec ma voisine, la sorcière Carabosse.
– Vous faites cuire des graines de citrouille!
J'adore! se réjouit Alexe en se léchant les babines.
– Vous êtes une petite impertinente, Mademoiselle!
Mangeriez-vous une partie de votre corps? Jamais!
Nous préparons un gâteau aux carottes!
– Un gâteau aux carottes? Avec une sorcière?
Surveillez-la bien, elle tentera sûrement d'ajouter
de la bave de crapaud au mélange. Alors bon appétit!
Je suis désolée de vous avoir offusqué, Jack,
dit Alexe.

Soudain, Alexe entend des pas… puis ils s'éloignent.
Ouf! elle a failli se faire prendre!

Elle ne peut pas résister, elle appuie sur le 6 .
– Ici Cupidon, bonjour! Êtes-vous en amour?
– Cupidon! Que fais-tu de bon?
– Je repeins ma maison en bleu. Le rouge me donne la nausée,
j'en ai assez. Et comme j'avais un peu froid, les fesses à l'air,
j'ai aussi acheté quelques vêtements.
– De quelle couleur sont-ils?
– J'ai un chandail vert et de jolies chaussures jaunes.
Ravissant!
– Oh! j'espère que tu garderas ton arc et tes flèches
d'amour. Tu fais un travail si romantique! Si je vois des
chaussures jaunes passer dans le ciel, je saurai que
c'est toi! Au revoir, cher Cupidon! dit Alexe.

Depuis le grenier, Alexe entend du bruit dans la cuisine. Mamie doit être en train de cuisiner son délicieux pain aux bananes. Elle appuie donc sans crainte sur le chiffre .

– Oui, allô? Avez-vous l'heure?
Je suis le Bonhomme Sept Heures!
– Bonhomme Sept Heures! Que fais-tu?
dit Alexe en frissonnant.

Elle est un peu inquiète de parler à ce personnage moins sympathique.
– J'organise une fête d'enfants. Je prépare les invitations. J'irai les distribuer en soirée. Seras-tu de la partie?
– Euh... non, je ne crois pas, répond Alexe, méfiante.
– Tu devrais venir! Il y aura du gâteau, des ballons et on jouera à sauter dans un sac.
– Non, vraiment... Désolée. Au revoir, Bonhomme Sept Heures.

Alexe se demande si elle doit continuer à jouer avec ce téléphone. Elle ne veut pas faire d'autres mauvaises rencontres.

Elle hésite un peu, mais elle est trop curieuse. Elle appuie sur le **8** et elle entend une grosse voix:
– Je vous avertis tout de suite: on ne dit pas «a-bo-BI-NA-ble», on dit «a-bo-MI-NA-ble» homme des neiges!
– Abominable homme des neiges! Que fais-tu? demande Alexe.
– Je m'amuse comme un fou. Je me promène dans la forêt et je laisse des traces partout. Je tourne en rond, je fais des bonds, je cours. Les hommes qui me cherchent en auront pour des jours, des mois, des années à me poursuivre.
Tu devrais leur voir la tête, ils sont tout étourdis! Ils doivent se dire: «Yéti! Yéti là?», lance-t-il en riant à gorge déployée.
– Oh! tu fais des jeux de mots! Tu pourrais aussi dire: «Yéti caché?», rigole Alexe. Au revoir, abominable homme des neiges!

Alexe constate que son jeu achève, mais le téléphone
l'attire comme un aimant. Qui trouvera-t-elle en
appuyant sur le 9 ?
– Marchand de sable, bonne nuit, répond une voix
ensommeillée.
– Marchand de sable, que fais-tu ? demande Alexe.
– Je construis des châteaux de sable pour passer le temps.
Je m'endors tellement ! Je travaille de moins en moins,
car les enfants s'endorment de plus en plus sans moi.
Ils lisent de beaux livres avant de dormir et ils ont hâte de
fermer les yeux pour rêver à ces merveilleuses histoires…
– Moi aussi, j'aime beaucoup lire. Tu devrais peut-être
en faire autant, tu pourrais passer le temps autrement !
Au revoir, Marchand de sable !

Le  ressemble à une grande bouche ouverte d'étonnement. Alexe hésite et enfonce enfin la touche, un peu triste que ce soit la dernière. À qui parlera-t-elle, maintenant ? – Viens dîner, Alexe ! dit mamie au bout du fil.

Alexe raccroche immédiatement. Son cœur bat la chamade, et elle n'ose pas quitter le grenier. Zut ! elle est démasquée ! Mamie sait qu'elle a joué avec son téléphone. Est-ce qu'elle se fera gronder ? Sera-t-elle privée de pain aux bananes ?

Elle se décide enfin à descendre, un peu nerveuse.

Mamie a un petit air mystérieux. Elle lui sert son repas en silence, mais elle ne semble pas en colère. Alexe se pose mille questions. À quoi peut bien servir ce téléphone? Mamie l'utilise-t-elle souvent? Connaît-elle tous ces personnages?

Elle n'ose pas l'interroger. Elle craint de se faire réprimander. Pour le moment, elle a trop peur que mamie refuse de la garder de nouveau.

Elle avale rapidement son dîner, puis elle retourne au grenier en se jurant de ne plus toucher au téléphone. Elle se contentera de regarder les albums de photos.

Alexe s'aperçoit qu'elle ne connaît pas vraiment sa mamie. Et toi, connais-tu bien tes grands-parents? Voici quelques activités à faire en leur compagnie pour en savoir davantage sur eux!

Imprime le questionnaire des grands-parents au «coin des enfants» du site www.editionsaf.com/fonfon. Invite l'un de tes grands-parents à participer à une petite entrevue durant laquelle tu pourras lui poser les questions proposées et apprendre des anecdotes insoupçonnées sur sa vie.

Renseigne-toi auprès de tes grands-parents sur les émissions qu'ils écoutaient lorsqu'ils avaient ton âge. Louez ou téléchargez-les et faites-vous une soirée cinéma!

Lors d'une belle journée ensoleillée, demande à faire une promenade en voiture avec ton grand-père ou ta grand-mère, et allez visiter sa ville ou son village d'origine. Ils pourront te montrer la maison de leur enfance, leur école, leur épicerie, etc.

Sortez les vieux albums de photos et prenez le temps de les regarder ensemble. Si, par bonheur, tes grands-parents possèdent des diapositives, tu feras une belle découverte!

Demande à ton grand-père ou à ta grand-mère de te concocter un repas typique de son enfance. Dégustez-le ensemble!

Prenez des photos de vos activités et faites un petit album. Tu pourras le présenter à ton tour à tes petits-enfants le jour venu!

Pendant une heure, faites l'activité préférée de l'un de tes grands-parents. L'heure suivante, faites ton activité préférée. Vous partagerez ainsi vos passions!

Trouve plusieurs autres activités à: www.editionsaf.com

Trousses pédagogiques aussi offertes à: www.editionsaf.com